LES EAUX AMERES

DE LA VIE

DEREK PRINCE

ISBN 978-1-78263-132-3
Originally published in English under the title "Life's Bitter Pool". French translation published by permission of Derek Prince Ministries International USA, P.O. Box 19501, Charlotte, North Carolina 28219-9501, USA.

Traduit par Florence Boyer.

Sauf autre indication, les citations bibliques de cette publication sont tirées de la traduction Louis Segond "Nouvelle Edition".

Publié par Derek Prince Ministries France, année 2000.
Dépôt légal: 1e trimestre 2000.
Dépôt légal: 2e impression 1e trimestre 2003.
Dépôt légal: 3e impression 1e trimestre 2007.
Dépôt légal: 4e impression 1e trimestre 2012.
5e impression 2e trimestre 2013.
Couverture faite par Damien Baslé www.damienbasle.com
Imprimé en France

Pour tout renseignement:

DEREK PRINCE MINISTRIES France
9, Route d'Oupia, B.P. 31, 34210 Olonzac France
tél. (33) 04 68 91 38 72 fax (33) 04 68 91 38 63
E-mail info@derekprince.fr * www.derekprince.fr

LES EAUX AMERES DE LA VIE

TABLE DES MATIERES

BUREAUX DE DEREK PRINCE MINISTRIES

Derek Prince Ministries International/USA
P.O. Box 19501
Charlotte, NC 28219-9501 Etats-Unis
tél. (1)-704-357-3556
fax (1)-704-357-3502

Derek Prince Ministries Angleterre
Kingsfield
Hadrian way
Baldock SG7 6AN Angleterre
tél. (44)-1462-492100
fax (44)-1462-492102

Derek Prince Ministries Afrique du Sud
P.O. Box 33367
Glenstantia 0010 Pretoria
Afrique du Sud
tél. (27)-12-348-9537
fax (27)-12-348-9538

Derek Prince Ministries Australie
1st floor, 134 Pendle Way
Pendle Hill
New South Wales 2145
Australie
tél. (61)-2-9688-4488
fax (61)-2-9688-4848

Derek Prince Ministries Allemagne
Schwarzauer Str. 56
D-83308 Trostberg
Allemagne
tél. (49)-8621-64146
fax (49)-8621-64147

Derek Prince Ministries (IBL) – Suisse
Alpenblickstr. 8
CH-8934 Knonau
Suisse
Tél: (41) 44 768 25 06
Email: dpm-ch@ibl-dpm.net

Derek Prince Ministries Canada
P.O. Box 8354
Halifax N.S. Canada B3K 5M1
tél. (1)-902 443-9577
fax (1)-902 443-9577

Derek Prince Ministries
Pays-Bas/EE/CIS
Edisonstraat 103
7006 RB Doetinchem
Pays-Bas
tél: 0251-238771
info@derekprince.nl

Derek Prince Ministries
Pacific du Sud
224 Cashel Street
P.O. Box 2029
Christchurch 8000
Nouvelle Zélande
tél. (64)-3-366-4443
fax (64)-3-366-1569

Derek Prince Publ. Pte Ltd
Derek Prince Ministries
10 Jalan Besar
#14-00 (Unit 03) Sim Lim
Tower
Singapore 208787
République de Singapour
tél. (65)-392-1812
fax (65)-392-1823

DPM – NORVEGE
PB 129 – Loddefjord
5881 Bergen
NORVEGE
Tél: 47-5593-4322
Fax: 47-5593-4322
E-mail Sverre@derekprince.no

Du même auteur:

**"Ils chasseront les démons"
➤ *Ce livre de Derek Prince de 288 pages, qu'il a écrit en 1997, constitue un manuel solide et biblique traitant le sujet délicat de la délivrance d'une façon modérée, réaliste et équilibrée.*

**"Alors viendra la fin... "
➤ *Derek Prince vous montrera comment aborder le sujet de la prophétie dans la Bible. Il est très important pour les enfants de Dieu de savoir comment les reconnaître.*

**"Qui est le Saint-Esprit?"
➤ *Une étude sur la Personne la moins comprise de la Bible: le Saint-Esprit.*

**"Le remède de Dieu contre le rejet"
➤ *Peut-être que le rejet est-il la cause de la douleur la plus profonde, formant l'une des blessures les plus sensibles et vulnérables de l'homme. C'est une expérience courante de nos jours, et de nombreuses personnes en souffrent. Dieu a-t-il pourvu à une solution? Ce livre vous le montrera.*

**"Prier pour le gouvernement"
➤ *D'une façon claire, Derek Prince montre pourquoi il est logique de prier "avant toutes choses" pour ceux qui sont haut placés (1 Tim. 2:1-2). Un enseignement simple et compréhensible, afin de savoir comment et pourquoi prier intelligemment pour le gouvernement.*

**"Les actions de grâces, la louange et l'adoration"
➤ *Une étude profonde sur ce qu'un être humain peut connaître de plus élevé: adorer et louer son Dieu*

**"Le mariage: une alliance"
➤ *En traitant l'une des choses pouvant être la plus profonde et la plus précieuse de la vie, Derek Prince explique ce que le mariage est avant tout aux yeux de Dieu: **une alliance**. Tout comme la Nouvelle Alliance de Jésus était impossible sans sa mort, de même l'alliance du mariage est impensable si les conjoints ne renoncent pas à leur propre vie.*

**"Votre langue a-t-elle besoin de guérison?"
- ➤ *Tôt ou tard, chaque chrétien est confronté au besoin impératif de contrôler sa langue, mais il n'y parvient pas. Derek Prince apporte au lecteur l'enseignement biblique et les étapes pratiques nécessaires pour discipliner la langue*

**"Façonner l'histoire par la prière et le jeûne"
- ➤ *Par ce livre Derek Prince donne des exemples aussi bien de l'histoire que de sa propre expérience, comme la combinaison puissante du jeûne et de la prière peut effectuer parfois un changement du cours de l'histoire pour une nation tout entière.*

**"Dieu est un Faiseur de mariages"
- ➤ *Comment se préparer au mariage? Quel est le plan de Dieu pour le mariage? Qu'est-ce que la Bible dit sur le divorce? Est-ce que la Bible permet de se remarier? Dans quelles conditions? Vous trouverez des réponses claires et bibliques à ces questions si pressantes, à partir d'une expérience personnelle et de plus de cinquante ans de ministère.*

**"Le plan de Dieu pour votre argent"
- ➤ *Dieu a un plan pour tous les aspects de votre vie, y compris celui de vos finances. Dans ce livre, Derek Prince révèle comment gérer votre argent pour que vous puissiez vivre sous la bénédiction de Dieu et dans l'abondance qu'il a voulues et entendues pour vous.*

Et autres (janvier 2012 90 titres disponibles).

Ecrivez à notre adresse pour recevoir gratuitement un catalogue de tous les livres et de toutes les cassettes de Derek Prince, des lettres d'enseignement gratuites (France et DOM/TOM uniquement) et pour être tenu au courant de toutes les nouvelles éditions, et toute autre nouvelle de:

DEREK PRINCE MINISTRIES France
9, Route d'Oupia, B.P. 31, 34210 Olonzac France
tél. (33) 04 68 91 38 72 fax (33) 04 68 91 38 63
E-mail info@derekprince.fr * www.derekprince.fr

INTRODUCTION

Cet enseignement a pour origine un incident dans l'histoire du peuple de Dieu, Israël, juste après avoir été miraculeusement délivré de l'Egypte et avoir passé les eaux de la mer Rouge comme sur une terre sèche. Cet incident est relaté dans Exode 15:19-26. Nous verrons d'abord le moment le plus extraordinaire de sa délivrance miraculeuse dans Exode 15:19-21:

"Car les chevaux de Pharaon, ses chars et ses cavaliers sont entrés dans la mer, et l'Eternel a ramené sur eux les eaux de la mer; mais les enfants d'Israël ont marché à sec au milieu de la mer. Marie, la prophétesse, sœur d'Aaron, prit à sa main un tambourin, et toutes les femmes vinrent après elle, avec des tambourins et en dansant. Marie répondait aux enfants d'Israël: Chantez à l'Eternel, car il a fait éclater sa gloire; il a précipité dans la mer le cheval et son cavalier."

C'était vraiment un triomphe extraordinaire, n'est-ce pas? Israël était passé à travers la mer Rouge miraculeusement comme sur une terre sèche. Alors ses ennemis, les Egyptiens, l'ont suivi et ils ont été balayés, Dieu anéantissant ainsi toute la force de l'ennemi qui poursuivait son peuple. Pas un seul Egyptien n'a survécu.

Je suis sûr que les Israélites en ont déduit que maintenant tous leurs problèmes étaient terminés et que le reste de leur voyage vers le Pays promis allait être facile et sans surprises. C'est ainsi qu'ils ne se sont pas préparés à ce qui allait arriver. Voici ce qui suit leur formidable délivrance et que nous lisons dans Exode 15:22-24:

"Moïse fit partir Israël de la mer Rouge. Ils prirent la direction du désert de Schur; et, après trois journées de marche dans le désert, ils ne trouvèrent point d'eau. Ils arrivèrent à Mara; mais ils ne purent pas boire l'eau de Mara parce qu'elle était amère. C'est pourquoi ce lieu fut appelé Mara *(en hébreu, "mara" signifie "amer")*. Le peuple murmura contre Moïse, en disant: Que boirons-nous?"

Imaginez un instant cette scène. Ils viennent

d'expérimenter une glorieuse délivrance; ils sont triomphants, ils exultent; ils pensent que tout est sous le contrôle de Dieu. Puis il nous est dit qu'ils ont été conduits dans le désert de Schur par Dieu sous la direction de Moïse. Dans ce désert, ils ont été trois jours sans trouver d'eau. Ils en avaient bien entendu des réserves dans des outres en cas d'urgence, mais ils ont dû les épuiser. Les enfants et le bétail ont commencé à avoir soif; ils étaient tous épuisés par la chaleur et la poussière du voyage.

C'est alors qu'ils ont vu luire l'eau de Mara. Certains ont dû commencer à courir pour aller y étancher leur soif. Mais quelle cruelle déception, quand ils se sont penchés pour boire! Les eaux étaient si amères qu'ils ne pouvaient pas les boire.

Le peuple n'était pas du tout préparé à affronter cette situation. Il ne pouvait pas concevoir qu'une telle chose lui arrive alors que Dieu le conduisait et qu'il venait de lui accorder une extraordinaire délivrance et une victoire.

Le peuple n'était pas préparé, mais Dieu, lui, n'a pas été pris au dépourvu. Laissez-moi vous dire que le nombre de fois où nous ne serons pas préparés n'a pas d'importance, parce que Dieu, lui, n'est jamais pris au dépourvu. Il n'agit jamais dans l'urgence, et il n'est jamais confronté à une situation pour laquelle il n'a pas de solution.

Alors le peuple murmure. Un homme, Moïse, a le bon sens de prier. Des savants estiment qu'il y avait probablement trois millions d'Israélites dans le camp. Imaginez le bruit de trois millions de personnes en train de murmurer ensemble! Je suis sûr que Moïse a dû avoir du mal à s'entendre prier. Mais il a fait ce qui était sensé; il a prié et voici ce qui suit (Exode 15:25-26):

"Moïse cria à l'Eternel; et l'Eternel lui indiqua un bois, qu'il jeta dans l'eau. Et l'eau devint douce. Ce fut là que l'Eternel donna au peuple des lois et des ordonnances, et ce fut là qu'il le mit à l'épreuve. Il dit: Si tu écoutes attentivement la voix de l'Eternel, ton Dieu, si tu fais ce qui est droit à ses yeux, si tu prêtes l'oreille à ses commandements, et si tu observes toutes ses lois, je ne te frapperai d'aucune des maladies dont j'ai frappé les Egyptiens; car je suis l'Eternel qui te guérit."

Je dois d'abord vous dire un mot à propos du terme "bois". En hébreu, cette expression est utilisée non seulement pour un arbre en train de grandir, mais également pour un arbre qui est coupé – quand il devient une longue planche ou une poutre. Ici, on ne sait pas si l'arbre était encore vivant et si Moïse a dû le couper, ou bien si c'était un arbre déjà coupé. Mais quel que soit le cas, c'était la clé de la situation. Quand Moïse a pris le bois et l'a jeté dans l'eau, elle est devenue douce.

Il est important de remarquer que l'Ecriture ne dit pas que c'est le bois qui a adouci l'eau. Il n'y avait rien de magique en lui. C'est la puissance surnaturelle de Dieu qui a rendu l'eau douce. Le fait de jeter le bois a été l'acte qui a libéré la force de miracle de Dieu dans l'eau. C'est ainsi que la puissance de miracle est d'habitude libérée dans nos vies. Il faut un acte de foi spécifique pour libérer cette puissance. L'acte de foi est la clé qui libère la puissance de miracle de Dieu et la rend opérationnelle dans la situation pour laquelle nous en avons besoin.

Ce principe particulier est illustré à plusieurs reprises dans le ministère du prophète Elisée, un peu plus loin dans l'Ancien Testament. Il y avait par exemple une source près de Jéricho dont l'eau était mauvaise; elle rendait le sol stérile, et le peuple ne pouvait la boire. Elisée a simplement pris un peu de sel, l'a jeté dans l'eau et a dit: "Ainsi parle l'Eternel, j'assainis ces eaux", et elles ont été assainies (voir 2 Rois 2:19-22). L'eau n'a pas été assainie par le sel, mais par la puissance surnaturelle de Dieu. C'est le principe. L'acte de foi est la clé qui libère la puissance de miracle de Dieu. Il est intéressant de noter que vous pouvez aller à Jéricho encore aujourd'hui et voir couler cette même source. On l'appelle la source d'Elisée. L'eau y est toujours aussi fraîche et pure. C'est un miracle qui dure toujours.

Dans une autre situation, Elisée a été confronté à de la nourriture empoisonnée. Le peuple allait en souffrir, peut-être même en mourir. Elisée a pris de la farine, l'a jetée dans le pot et a dit: "Sers à ces gens et qu'ils mangent", et il n'y avait plus rien de mauvais dans le pot (voir 2 Rois 4:38-41). Ce n'était pas la farine qui avait neutralisé le poison, mais la puissance surnaturelle de Dieu. Cette dernière avait été libérée par cet acte de foi.

Il en est de même ici avec ces eaux amères. Moïse a jeté le bois dedans et cet acte a libéré la puissance de Dieu qui a adouci les eaux amères.

Bien entendu, cette histoire remonte à trois mille ans; mais les vérités qu'elle contient sont aussi essentielles et aussi réelles aujourd'hui que du temps de Moïse. Nous commencerons à en regarder certaines ensemble pour voir comment elles s'appliquent à nos vies et à nos situations.

Selon moi, nous pouvons tirer deux leçons de l'histoire des eaux amères que nous venons de lire. La première, c'est que les grandes victoires nous préparent aux grandes épreuves. Le fait que Dieu vous ait accordé une grande délivrance – une grande victoire, une bénédiction, une guérison, ou n'importe quoi d'autre – ne signifie pas que vous n'allez plus connaître d'épreuves pour le reste de votre vie. En fait, plus la victoire est grande, plus l'épreuve que vous serez en mesure d'affronter sur la base de cette victoire sera grande. C'était l'erreur d'Israël. Le peuple a pensé, que parce qu'il avait eu une grande délivrance, rien ne pourrait arriver qui pourrait mettre au défi sa foi. En conséquence, il n'était pas prêt quand il est arrivé vers les eaux amères. Au lieu de prier, il a murmuré.

La seconde leçon – et elle est essentielle –, c'est que les eaux amères faisaient partie du programme de Dieu. Ce dernier a en fait conduit son peuple vers les eaux amères. Il avait un but en faisant cela, et cela est vrai aussi pour nos vies. Dieu, parfois, permet que nous soyons confrontés aux eaux amères; mais il a un dessein.

Laissez-moi vous donner quelques exemples contemporains du genre d'eaux amères que vous pouvez rencontrer. Le premier exemple auquel je pense est le mariage brisé. Hélas, combien de personnes aujourd'hui doivent faire face aux eaux amères d'un mariage qui finit par un divorce: l'amertume, l'angoisse, l'embarras. Les blessures laissées sont si profondes dans la personnalité humaine.

Un autre cas est l'échec professionnel. Vous avez peut-être travaillé pendant des années pour construire votre affaire et vous établir financièrement. Puis, à cause de circonstances que vous ne pouviez pas contrôler (une économie qui a changé, etc.), vous vous retrouvez sans le sou, peut-être même démuni. C'est une eau amère.

Vous avez également peut-être eu un problème de santé, une maladie physique ou, pire, un problème mental ou émotionnel. Vous essayez maintenant de recoller les morceaux d'une vie qui était avant en bonne santé et victorieuse.

Un autre cas d'eau amère, c'est le fait d'être déçu par un dirigeant humain. Vous avez suivi quelqu'un, vous l'avez servi fidèlement. Ce peut être un dirigeant religieux, politique ou même un parent. Cette personne, en qui vous aviez confiance, à laquelle vous regardiez, un jour n'était soudain plus ce qu'elle paraissait; c'était un colosse aux pieds d'argile. Elle vous a trompé. Votre confiance était mal placée.

J'aimerais vous poser une question: voulez-vous tirer les leçons que Dieu a pour vous près des eaux amères? S'il en est ainsi, il vous faut lire la suite de ce texte.

****

Je vous ai décrit la façon dont le peuple d'Israël avait été déçu. Il a eu une glorieuse victoire. Aucun doute qu'il a cru que tous ses problèmes avaient été réglés une fois pour toutes. Puis, il s'est retrouvé trois jours dans le désert; les gens avaient soif, chaud, ils étaient fatigués, découragés. Ils ont vu les eaux briller au soleil; mais quand ils ont couru et qu'ils se sont baissés pour boire, l'eau était trop amère pour être consommée! Quelle terrible déception.

Voyez-vous, le peuple n'était pas préparé. Il a cru que tout allait être facile et que sa foi ne serait plus mise à l'épreuve. Mais Dieu n'était pas pris au dépourvu. Il savait quoi faire; il avait la solution. Le peuple a murmuré et n'a rien obtenu; Moïse a prié et Dieu lui a montré la solution. Dieu avait préparé le bois; il savait ce qu'il fallait faire, mais c'est seulement à travers la prière que Moïse a pu trouver la solution.

En parlant dans des petites et des grandes églises à différents moments, j'ai souvent demandé aux gens: "Combien de personnes parmi vous ont dû se battre contre la déception?" Très peu de personnes m'ont dit: "Je n'ai jamais connu la déception." C'est une des choses que nous devons connaître, et j'aimerais que vous compreniez et que vous appreniez comment faire face à la déception et comment en tirer le meilleur parti.

J'ai déjà tiré deux leçons à propos de cette histoire. La première, c'est que les grandes victoires nous préparent pour les grandes épreuves. Elles n'indiquent pas qu'il n'y aura plus de grandes épreuves. La seconde, c'est que les eaux amères faisaient partie du programme de Dieu; il a conduit le peuple, il avait un but.

Puis, je vous ai fait remarquer que nous passons encore par les eaux amères dans nos vies et je vous en ai donné quelques exemples: un mariage brisé, un échec professionnel, un problème de santé, une déception par rapport à un dirigeant humain ou peut-être un parent.

* * * * * * *

1
LE BUT DE L'EPREUVE

J'aimerais démontrer une autre application de cette histoire et aborder le but de l'épreuve. Voyez-vous, le problème, dans nos vies, n'est pas de savoir si nous allons expérimenter l'épreuve, mais comment nous allons y répondre. L'épreuve à Mara a révélé un trait de caractère des Israélites qui devait être traité, et qui s'est exprimé par le murmure. Laissez-moi vous dire ceci: la Bible ne dit rien de bon du murmure. Murmurer est une façon d'amplifier les problèmes et non pas de les résoudre. Vous ne trouverez jamais la solution à vos problèmes en murmurant. Si, lorsque vous êtes sous pression, vous murmurez, vous devenez comme les Israélites. C'est un trait de votre caractère qui doit être traité. Dieu le connaissait depuis le début, mais il a dû vous laisser venir vers les eaux amères afin que vous découvriez ce qu'il y avait vraiment en vous. En fait, le fait de murmurer dénote un manque de foi, un manque de gratitude et de l'égocentrisme – de sérieux problèmes qui empêchent toute progression future avec le Seigneur.

Le Seigneur avait beaucoup plus pour Israël que les eaux de Mara. Il emmenait vraiment son peuple vers le pays qu'il lui avait promis, mais les Israélites ne pouvaient pas faire le voyage vers la Terre promise tant que ce trait de caractère qui a été révélé à Mara n'avait pas été traité. Alors, quand vous arrivez à Mara, vos eaux amères, et que vous commencez à murmurer, réalisez qu'il y a quelque chose en vous qui doit être réglé, et que c'est afin de pouvoir le régler que Dieu vous a amené dans ce lieu; mais il ne peut le faire que si vous coopérez.

La Bible nous avertit clairement que nous allons expérimenter l'épreuve; cela est dit à plusieurs reprises. L'un des passages les plus explicites se trouve dans Jacques 1:2-4:

"Mes frères, regardez comme un sujet de joie complète les diverses épreuves auxquelles vous pouvez être exposés..."

Je lis toujours ces paroles en me demandant: "Est-ce bien ainsi que je réagis face aux épreuves de toutes sortes?" Réagissez-vous ainsi aux épreuves? Quand vous marchez avec le Seigneur et que vous devez faire face à toutes sortes d'épreuves, les considérez-vous comme un sujet de joie complète? Dites-vous: "Alléluia! Loué soit Dieu pour cette épreuve!"? Ou bien faites-vous comme le peuple d'Israël qui a commencé à murmurer: "Seigneur, pourquoi permets-tu que cela arrive? Dieu, je croyais que tu contrôlais tout. Maintenant, je ne sais plus quoi faire."

Jacques continue:

"... sachant que l'épreuve de votre foi produit la persévérance. Mais il faut que la patience accomplisse parfaitement son œuvre, afin que vous soyez parfaits et accomplis sans faillir en rien."

L'un des éléments essentiels du caractère chrétien, c'est la persévérance. Tant que nous ne l'avons pas, il y a des objectifs que nous ne pourrons jamais atteindre. C'est la mise à l'épreuve de notre foi qui amène la persévérance. Il n'y a qu'une seule manière d'apprendre la persévérance, et c'est en persévérant. Pour le faire, il faut être dans une situation où vous avez besoin de persévérer.

Jacques dit: "... il faut que la patience accomplisse parfaitement son œuvre, afin que vous soyez parfaits et accomplis sans faillir en rien." C'est le but de Dieu pour vous, c'est-à-dire que vous soyez parfait et accompli, mur, ayant un caractère chrétien bien trempé et ne manquant de rien. Voulez-vous cela? Voulez-vous être accompli et parfait sans faillir en rien? Comment pourriez-vous désirer autre chose? Si vous voulez cela, vous devez suivre le processus; et il peut inclure votre Mara ou vos eaux amères.

Quand vous rencontrez une eau amère, deux possibilités se présentent à vous. Le peuple a murmuré, c'était la réponse de l'incrédulité; Moïse a prié, c'était la réponse de la foi. Quelle sera la vôtre? La prochaine fois que vous serez près des eaux amères, qu'allez-vous faire?

Au bord des eaux amères, Moïse a prié et a crié au Seigneur. Il n'y avait pas d'autre possibilité d'aide que celle de l'Eternel. Et quand Moïse a choisi de prier plutôt que de murmurer – la réponse de la foi plutôt que celle de l'incrédulité –, Dieu a répondu par une nouvelle révélation de sa personne.

C'était le dessein de Dieu d'amener Israël vers les eaux amères. Il avait quelque chose à apprendre à son peuple, et il l'a placé dans une situation où il pourrait lui communiquer la révélation qu'il avait pour lui. Il a répondu par une révélation de sa personne. C'était une double révélation dont je parlerai plus tard. Tout d'abord, il lui a révélé le bois, le moyen de guérison. Ensuite, et bien plus important, il s'est révélé lui-même sous un nouveau jour, qui est l'Eternel qui guérit. C'était là son objectif final dans cette expérience des eaux amères.

J'aimerais vous donner un principe que quelqu'un a résumé succinctement un jour. En fait, je n'ai pas aimé cette affirmation la première fois que je l'ai entendue, parce que j'ai pensé que cela voulait dire que la vie n'allait pas être du tout comme je l'avais prévue! Cette affirmation est la suivante: "Les déceptions de l'homme sont les rendez-vous de Dieu."

Comme je l'ai déjà mentionné, la déception est quelque chose que nous avons tous à affronter. Elle est vraiment une eau amère. Quand vous avez de grands projets – cela avance et tout semble aller pour le mieux –, et que soudain tout s'effondre, vous restez avec vos espoirs déçus. C'est une eau amère.

Voilà ce que je voudrais que vous saisissiez. Dieu vous a conduit à cette eau amère. Il a quelque chose de bon pour vous vers les eaux amères si vous répondez de la bonne façon. "Les déceptions de l'homme sont les rendez-vous de Dieu."

Cela a un rapport avec la nature humaine. Quand tout va bien dans la vie et que tout est facile, nous avons tendance à être plutôt superficiels. Nous nous contentons du statu quo, d'aller à l'église et de payer la dîme, de dire notre prière et de mener une vie respectable. Mais Dieu a pour nous quelque chose qui va beaucoup plus loin et qui est beaucoup plus profond. A un moment ou à un autre, il va nous amener vers les eaux amères.

15

Puis, du fond de l'angoisse et de la déception, nous crierons comme Moïse l'a fait. En le faisant, nous accéderons à une plus profonde et à une plus complète révélation de Dieu, qui n'est possible que sur le rivage des eaux amères. Si vous êtes passé par les eaux amères ou si vous y passez actuellement, souvenez-vous que vos déceptions sont les rendez-vous de Dieu pour vous.

****

J'ai tiré un certain nombre d'enseignements de cette histoire de l'Ancien Testament qui a plus de trois mille ans, mais dont les leçons sont toujours d'actualité et pertinentes pour vous et moi aujourd'hui.

Tout d'abord, les grandes victoires nous préparent aux grandes épreuves. Le fait d'obtenir une grande victoire ne signifie pas que nous ne serons plus mis à l'épreuve, mais au contraire que nous serons mieux équipés pour la prochaine.

Ensuite, les eaux amères faisaient partie du plan de Dieu. Il avait un dessein en envoyant le peuple à cet endroit. C'est lui qui l'a conduit là et c'est souvent vrai dans nos vies. Les eaux amères font partie du plan de Dieu. Il a un but.

De plus, la question n'est pas de savoir si nous allons être mis à l'épreuve, mais plutôt comment nous allons y répondre.

Enfin, dans ce cas des eaux amères, il y avait deux réponses possibles qui sont le peuple qui a murmuré et Moïse qui a prié. Le peuple murmurant n'a rien obtenu, mais l'homme priant a eu une réponse.

Le principe à retenir est le suivant: à la prière de foi de Moïse, Dieu a répondu par une nouvelle révélation de sa personne. C'était le plan de Dieu d'amener le peuple à l'endroit où il pourrait recevoir la révélation qu'il avait pour lui. J'ai résumé tout cela en une simple phrase: "Les déceptions de l'homme sont les rendez-vous de Dieu."

* * * * * * *

2
L'ARBRE DE LA GUERISON

Nous allons maintenant étudier la révélation que Dieu avait pour son peuple vers les eaux amères. Il y avait deux aspects à cette révélation. Le premier était celui de l'arbre de la guérison, le second celui de l'Eternel qui guérit.

Nous commencerons en regardant Exode 15:25 qui parle de cet arbre:

"Moïse cria à l'Eternel; et l'Eternel lui indiqua un bois, qu'il jeta dans l'eau. Et l'eau devint douce."

La solution au problème se trouvait donc dans ce bois. En fait, celui-ci nous parle d'un des thèmes principaux de la Bible. Cette dernière évoque un autre bois dressé il y a quelque 2400 ans plus tard sur une colline nommée Golgotha: la croix. Lorsque vous lisez un passage mentionnant le bois, vous devez vous demander s'il ne s 'agit pas d'une référence à la croix de Jésus.

Nous devons comprendre l'utilisation en hébreu du mot "bois", comme je l'ai évoqué précédemment. En hébreu, ce terme est utilisé pour un arbre en train de croître ou pour un arbre qui a été coupé. Lorsqu'il s'agit d'une longue perche, on parle encore d'un bois. Ainsi, un bois peut-être un gibet, une potence ou une croix.

Il y a plusieurs exemples de cela; nous allons en regarder certains. Tout d'abord dans Deutéronome 21:22-23:

"Si l'on fait mourir un homme qui a commis un crime digne de mort, et que tu l'aies pendu à un bois, son cadavre ne passera point la nuit sur le bois; mais tu l'enterreras le jour même, car celui qui est pendu est un objet de malédiction..."

Il y a donc une façon d'exécuter les personnes dans l'Ancien Testament. On les pendait au bois. Parfois elles étaient d'abord tuées, puis pendues au bois; d'autres fois elles mourraient en étant pendues au bois. Mais la loi de Moïse disait qu'aucun homme ne devait rester accroché au bois la nuit, parce que celui qui est pendu au bois est en malédiction.

Souvenez-vous que, dans le récit de la crucifixion de Jésus, après sa mort sur la croix, les religieux juifs sont venus voir Ponce Pilate et lui ont demandé que le corps soit descendu, parce qu'ils ne voulaient pas qu'il reste le jour saint suivant. Ils ne voulaient pas qu'il y ait une malédiction un jour saint.

Paul tire cette ordonnance de l'Ancien Testament, dans le livre du Deutéronome, et dans l'épître aux Galates il l'utilise pour interpréter toute la signification de la mort de Jésus sur la croix. Voici ce que Paul dit dans Galates 3:13-14:

"Christ nous a rachetés de la malédiction de la loi, étant devenu malédiction pour nous – car il est écrit: Maudit soit quiconque est pendu au bois, afin que, pour les païens, la bénédiction d'Abraham trouve son accomplissement en Jésus-Christ, et que nous recevions par la foi l'Esprit qui avait été promis."

Voyez-vous, dans le but de rédemption de Dieu, Jésus est devenu une malédiction. Il a pris la malédiction qui était échue à la race perdue et déchue – notre race adamique. Il est devenu la malédiction afin de nous racheter de la malédiction, et qu'au lieu de la malédiction nous puissions hériter de la bénédiction. La preuve que Jésus est devenu malédiction, c'est qu'il a été pendu au bois, sur la croix. Ceux qui connaissaient la parole de Dieu de l'Ancien Testament savaient que, par cet acte, Jésus, dans le dessein de Dieu, devenait une malédiction afin que nous puissions recevoir la bénédiction.

Il s'agit d'un échange. Jésus est devenu la malédiction pour que nous recevions la bénédiction. C'est comme pour les eaux de Mara: Jésus a pris l'amer afin que nous puissions boire le doux. Il a pris la malédiction afin que nous puissions obtenir la bénédiction.

Quand nous pensons au bois qui a été jeté dans l'eau, nous pensons à la croix de Jésus et au fait que, sur cette croix, il a pris l'amère malédiction afin que nous ayons la douceur de la bénédiction. Moïse jetant le bois dans l'eau est un modèle ou une image de vous et moi nous saisissant de ce qui a été accompli sur la croix pour nous et l'utilisant pour adoucir nos eaux amères.

J'aimerais également citer le passage de 1 Pierre 2:24, où l'on parle encore une fois de la croix comme d'un bois et d'où l'on tire la même vérité:

"... lui qui a porté lui-même nos péchés en son corps sur le bois, afin que morts aux péchés nous vivions pour la justice; lui par les meurtrissures duquel vous avez été guéris."

Encore une fois, Jésus est devenu péché pour que nous puissions recevoir sa justice. Il a été blessé pour que nous soyons guéris. Tout cela est amené par l'utilisation du mot "bois" pour désigner la croix. C'est sur ce bois que la pleine guérison a été obtenue pour toute l'humanité; la guérison spirituelle du péché, la guérison physique de la maladie, la délivrance de la malédiction, le droit d'hériter de la bénédiction, tout cela a été accompli à travers le bois qui est la croix.

En vous imaginant Moïse jetant le bois dans l'eau amère pour qu'elle devienne douce, vous devez vous imaginer vous saisissant de la vérité de la croix, l'appliquant à votre vie et changeant vos eaux amères en eaux douces.

La guérison et la délivrance qui viennent du bois, qui est la croix – la croix de Jésus –, doit s'appliquer dans notre vie par un acte de foi. Tout comme Moïse, par un acte de foi, a jeté le bois dans les eaux amères, nous aussi nous devons exercer notre foi quand nous sommes confrontés aux eaux amères. Nous devons avoir foi en ce que Jésus a accompli sur la croix et, métaphoriquement, prendre le bois et le jeter dans nos eaux amères. Ce doit être un acte de foi pour libérer la puissance de miracle qui est dans la croix de Jésus-Christ, c'est-à-dire la puissance qui rend douces les eaux amères.

J'aimerais vous suggérer quelques étapes simples et pratiques dans votre vie si vous êtes confronté aux eaux amères, afin de les adoucir. Tout d'abord, reconnaissez que les eaux amères font partie du programme de Dieu. Il vous a conduit là, il connaît la situation et il a la solution.

Ensuite, laissez Dieu se charger des défauts de votre

caractère qui ont été exposés par les eaux amères. Si vous avez murmuré au lieu de prier, soyez sûr qu'il y a quelque chose que le Saint-Esprit doit traiter.

Puis acceptez par la foi ce que Jésus a fait pour vous à la croix. "Lui qui a porté lui-même nos péchés en son corps sur le bois, afin que morts au péché nous vivions par la justice, lui par les meurtrissures duquel vous avez été guéris." En ce qui concerne Dieu, c'est déjà fait; c'est fini, c'est accompli.

Enfin, commencez à remercier Dieu de ce que Jésus a fait pour vous. Commencez à recevoir en le remerciant de répondre à votre besoin quel qu'il soit, que ce soit le pardon, la guérison (émotionnelle ou physique), la délivrance du ressentiment, de l'amertume, de la rébellion ou de la confusion. Remerciez Dieu dans la foi revient à lancer le bois dans l'eau. La plus pure expression de foi dont nous sommes capables est simplement de remercier Dieu, sans voir de changement ni de preuve, mais en croyant ce que Dieu dit de la croix de Jésus et en commençant à le remercier de ce qu'il a été pour vous sur la croix. Le remercier libère la puissance de miracle pour changer l'eau amère en eau douce.

****

Voici quelques-unes des principales leçons que nous avons vues jusqu'à présent.

Premièrement, les grandes victoires préparent aux grandes épreuves.

Deuxièmement, les eaux amères étaient au programme de Dieu; il avait un but, et c'est lui qui a conduit son peuple vers les eaux amères.

Troisièmement, la question n'est pas de savoir si vous allez connaître l'épreuve, mais de savoir comment vous allez y répondre.

Quatrièmement, il y a deux réponses possibles dans l'histoire qui sont le fait que le peuple a murmuré et que Moïse a prié. Le peuple n'a rien obtenu, et Moïse a eu la solution.

Cinquièmement, Dieu a répondu à la prière de foi de Moïse par une nouvelle révélation de lui-même. C'était le but de Dieu. Il voulait amener là son peuple afin de lui donner une révélation plus grande et plus profonde de lui-même. Dans la partie précédente, nous avons vu le premier aspect de la révélation, qui est l'arbre de la guérison. J'ai fait remarquer que le mot "bois", en hébreu, est employé pour un arbre, qu'il soit vivant ou mort; il est utilisé pour une potence, un gibet et aussi pour la croix. Le bois qui a adouci les eaux amères est pour vous et moi une image de la croix de Jésus. Sur la croix, Jésus a été fait malédiction. L'Ancien Testament dit: "... maudit soit quiconque est pendu au bois." Jésus a pris la malédiction afin que nous puissions recevoir la bénédiction. Jésus a bu l'amer pour que nous puissions jouir du doux. Sur la croix, il a été blessé pour que nous soyons guéris. Sur la croix, tous les besoins des êtres humains ont été comblés par Jésus-Christ, mort en sacrifice expiatoire à notre place. C'est l'arbre de la guérison – la révélation de ce qui a été accompli pour vous et moi par la mort de Jésus sur le bois de la croix.

* * * * * * *

3
L'ETERNEL QUI GUERIT

J'aimerais regarder le deuxième aspect de la révélation, qui est l'Eternel qui guérit. A chaque expérience spirituelle dans laquelle nous nous confions en Dieu, quand nous recevons de lui, nous devons toujours regarder au-delà de ce que nous avons reçu pour regarder à celui qui pourvoit. Le don était le bois, mais celui qui a pourvu, c'est l'Eternel. L'Eternel n'a pas permis qu'Israël reçoive uniquement la révélation du bois, mais la révélation du bois a conduit le peuple à la révélation de l'Eternel qui guérit. Je citerai encore les paroles d'Exode 15:25-26: "Moïse cria à l'Eternel; et l'Eternel lui indiqua un bois, qu'il jeta dans l'eau. Et l'eau devint douce. Ce fut là que l'Eternel donna au peuple des lois et des ordonnances, et ce fut là qu'il le mit à l'épreuve. Il dit: Si tu écoutes attentivement la voix de l'Eternel, ton Dieu, si tu fais ce qui est droit à ses yeux, si tu prêtes l'oreille à ses commandements, et si tu observes toutes ses lois, je ne te frapperai d'aucune des maladies dont j'ai frappé les Egyptiens; car je suis l'Eternel qui te guérit."

La dernière révélation n'était pas la révélation d'un don, mais celle de celui qui donne. C'est un principe très important dont vous devez vous saisir; chaque révélation de Dieu, si vous suivez le but dans laquelle elle est donnée, vous conduira à Dieu lui-même. "Je suis l'Eternel qui te guérit."

Le mot traduit par "guérir" est le terme hébreu moderne pour désigner un médecin. Cela n'a pas changé en trois mille ans et c'est exactement ce que cela signifie. Nous devons le comprendre. L'Eternel désire être le docteur de son peuple, son médecin. C'est pour cette révélation qu'il préparait son peuple en l'amenant vers les eaux amères. Une révélation, ce n'est pas quelque chose que l'intelligence peut saisir. Nous devons normalement nous trouver dans une situation où nous sommes en mesure de la recevoir.

Il y a longtemps, je me suis retrouvé dans un hôpital avec

une maladie que les médecins ne savaient pas soigner. C'est dans cette situation qu'à travers la Bible et le Saint-Esprit le Seigneur s'est révélé à moi comme mon médecin. "Je suis l'Eternel qui te guérit" (ton médecin, ton docteur). Voilà la révélation à laquelle il nous amène.

Il faut que nous comprenions bien une chose, c'est que Dieu ne change jamais. Il n'était pas le médecin de son peuple, il EST le médecin de son peuple. Malachie 3:6, à la fin de l'Ancien Testament, nous dit:

"Car je suis l'Eternel, je ne change pas."

Il était, il est, il sera; il ne change pas – notre médecin, notre docteur.

Dans le Nouveau Testament, Hébreux 13:8 dit:

"Jésus-Christ est le même hier, aujourd'hui et éternellement."

Nous pouvons bien souvent croire pour hier et pour l'éternité; mais qu'en est-il pour aujourd'hui? Nous pouvons croire que cela est arrivé dans la Bible et que cela arrivera quand nous serons au ciel; mais n'oublions pas que c'est aussi pour aujourd'hui. Aujourd'hui, Jésus-Christ est le même que quand il était sur la terre. Aujourd'hui, Dieu est le même que lorsqu'il était vers les eaux amères. Il est notre médecin, notre docteur, celui qui nous guérit.

Il y a un verset, dans le Nouveau Testament, qui décrit spécifiquement le ministère de Jésus sur la terre et qui, à mon sens, en dit plus en un verset que n'importe quel autre passage. Il s'agit d'Actes 10:38. Pierre parle de la maison de Corneille et décrit le ministère de Jésus sur la terre comme il en a lui-même été le témoin:

"... Dieu a oint du Saint-Esprit et de force Jésus de Nazareth, qui allait de lieu en lieu faisant du bien et guérissant tous ceux qui étaient sous l'emprise du diable, car Dieu était avec lui."

Ce qui m'a touché, c'est que nous avons les trois personnes de la divinité; Dieu le Père a oint Jésus le Fils avec le Saint-Esprit. Quel en a été le résultat? C'est la guérison, la libération, la délivrance, la plénitude pour tous ceux qui entrent en contact avec Jésus. Il me semble que, si je peux dire cela sans manquer de respect, il y a presque une jalousie entre les personnes de la divinité quand il s'agit de bénir la race humaine. Aucun ne veut être laissé de côté. Le Père a oint le Fils avec l'Esprit afin que les trois partagent le ministère de miséricorde et de délivrance, en nous guérissant complètement. C'est la révélation de la nature éternelle de Dieu. Il a permis à son peuple d'arriver à un endroit où il avait des besoins, près des eaux de Mara, afin qu'il puisse recevoir la révélation.

Aujourd'hui, si vous êtes dans le besoin, si vous sentez que vous êtes confronté aux eaux amères, j'aimerais vous suggérer cette attitude que Dieu l'a permis. Dieu est dans tout cela. Il a son plan. Je ne vais pas murmurer, je vais prier. Je vais m'attendre à Dieu et lui permettre de me parler. Je vais le laisser me montrer la révélation qu'il a pour moi dans cette situation.

J'aimerais encore une fois souligner que le but de Dieu n'était pas simplement de se révéler par le bois, mais de se révéler lui-même. Je pense que cela doit être dit à la multitude des chrétiens aujourd'hui. Dieu ne veut pas que nous nous arrêtions à une expérience, à une doctrine, à une révélation ou à une bénédiction. Loué soit Dieu pour toutes les choses que nous avons reçues, mais nous ne pouvons pas en rester là. En un sens, chacune d'entre elles est impersonnelle et intemporelle. Ce dont nous avons besoin, en dernier ressort, c'est d'une personne. Et chaque véritable doctrine ou révélation que nous recevons nous conduira toujours, en fin de compte, à la personne de Dieu lui-même.

Je voudrais que vous examiniez avec moi quelques passages de l'Ancien et du Nouveau Testament qui font ressortir ces principes. Dans Exode 19:4, Dieu dit à Israël:
"Vous avez vu ce que j'ai fait à l'Egypte, et comment je vous ai porté sur des ailes d'aigle et amené vers moi."

Remarquez que le but de Dieu était d'amener Israël à lui; pas seulement à la loi, à une alliance ou simplement à la Terre promise, mais à lui. C'est toujours le but de Dieu.

Dans le Psaume 73:26, le psalmiste dit:

"Ma chair et mon sang peuvent se consumer; Dieu sera toujours le rocher de mon cœur et mon partage."

Dieu est mon partage; il n'est pas quelque bénédiction, une expérience ou une révélation. Dieu est mon partage. Je ne me contenterai pas d'autre chose que de Dieu.

Esaïe 12:2 affirme:

"Voici, Dieu est ma délivrance, je serai plein de confiance, et je ne craindrai rien; car l'Eternel, l'Eternel est ma force et le sujet de mes louanges."

Voilà une révélation! Quand vous pouvez dire "l'Eternel est mon salut" – pas l'église, ni une doctrine ou une expérience, mais l'Eternel –, alors vous pouvez être en paix; là, vous êtes à la plénitude de la révélation. Ne vous arrêtez pas au bois, ne vous arrêtez pas à l'expérience. Peu importe combien ils sont bénis, allez toujours vers la révélation du Seigneur lui-même.

Et voici ces belles paroles de Jésus, dans Matthieu 11:28:

"Venez à moi, vous tous qui êtes fatigués et chargés, et je vous donnerai du repos."

C'est l'ultime invitation. "Venez à moi [...] je vous donnerai du repos." Ne vous arrêtez à rien d'autre qu'à Dieu manifesté en Jésus. Venez à lui. Il vous donnera du repos.

Vous voyez, le cœur humain a besoin d'une personne. Il ne peut se satisfaire de quelque chose d'impersonnel. Nous avons besoin d'une personne, et Dieu est celle dont chacun de nous a besoin et qu'il doit connaître.

****

Les eaux amères de la vie viennent de l'expérience des Israélites dans le désert quand ils sont arrivés à Mara et ont trouvé les eaux trop amères pour être bues. Je vous ai montré qu'il y avait des eaux amères quelque part dans la vie de chacun, que ce soit un lieu d'amère déception où quelque chose qui brillait et semblait si beau n'est en réalité pas ce qu'il paraissait être.

Certains exemples d'eaux amères sont courants dans notre

culture contemporaine, comme un mariage brisé, un échec professionnel, un problème de santé ou une déception humaine. Nous avons vu, en étudiant l'incident dans l'histoire d'Israël, que les eaux amères faisaient partie du programme de Dieu pour Israël. Je crois que la même chose est vraie dans la vie de chacun d'entre nous. Dieu permet les eaux amères, parce qu'il a un plan. Puis, quand ce plan est accompli, l'amer, à travers la parole surnaturelle de Dieu, devient doux si nous répondons correctement aux exigences de Dieu. Il est donc de la plus haute importance que nous répondions correctement.

* * * * * * *

4
LA MORT AVANT LA RESURRECTION

Dans cette partie, je montrerai cette vérité essentielle de notre expérience en tant que principe compréhensif qui agit dans tous les domaines de notre vie. En fait, je dirais que Dieu a mis ce principe en action dans l'univers même. Il y a deux passages qui me viennent particulièrement à l'esprit et qui affirment ces principes. Le premier se situe dans l'Ancien Testament, et le second, que nous verrons plus tard, est dans le Nouveau Testament.

Commençons par Osée 2:14-16. C'est un passage prophétique qui, je crois, est en train de se réaliser de nos jours. C'est la promesse de Dieu faite à son peuple, Israël, de le restaurer – de le faire revenir à lui, de lui donner les bénédictions qu'il a pour lui et de le restaurer dans son pays. Dans Osée, Dieu décrit la façon dont il va procéder pour les restaurer. Lisez cela avec attention car, comme cela arrive souvent, la façon dont Dieu fait les choses n'est pas celle à laquelle nous nous attendons. Nous devons donc être vigilants ou nous manquerons ce que Dieu fait. L'Eternel dit, dans Osée 2:16:

"C'est pourquoi voici, je veux l'attirer et la conduire au désert; et je parlerai à son cœur."

Le mot "attirer" est plutôt un terme mystique. Il contient l'idée que nous sommes en quelque sorte poussés à faire quelque chose que nous ne comprenons pas totalement.

Il dit: "Je veux l'attirer au désert *(le désert n'est pas normalement un lieu de bénédiction)* [...] et je parlerai à son cœur." C'est une très belle expression en hébreu. Mais, voyez-vous, il n'est pas toujours possible à Dieu de parler à notre cœur. Parfois, ce dernier est fermé. Parfois, nous ne sommes pas réceptifs. Alors Dieu doit travailler dans nos vies et amener des situations (comme il a amené Israël au désert) où il peut parler à notre cœur.

Puis voici ce que Dieu dit, une fois qu'il a retenu

l'attention d'Israël, dans Osée 2:17:

"Là, je lui donnerai ses vignes et la vallée d'Acor, comme une porte d'espérance; et là, elle chantera comme au temps de sa jeunesse, et comme au jour où elle remonta du pays d'Egypte." En hébreu, le terme "Acor" signifie "trouble". "Je ferai de la vallée d'Acor une porte d'espérance." L'expression "porte d'espérance" en hébreu se dit *petah tikva*. C'est le nom d'une des plus grandes banlieues de Tel Aviv aujourd'hui, et il vient de ce passage d'Osée.

Nous avons déjà vu, dans l'histoire des eaux amères, comment Myriam et toutes les femmes d'Israël ont chanté des louanges au bord de la mer Rouge. Dieu dit ici, dans Osée: "Je vais leur rendre leurs chants." Peut-être que certains d'entre nous ont perdu leurs chants. C'est tragique qu'un chrétien perde son chant. Vous aviez un chant dans votre cœur; vous aviez l'habitude de louer Dieu si librement et si spontanément. Mais maintenant, il y a de la lourdeur, du doute et le sentiment de ne plus être dans le coup. Dieu veut vous rendre votre chant.

"... et là, elle chantera comme au temps de sa jeunesse, et comme au jour où elle remonta du pays d'Egypte."

Nous arrivons là au but de Dieu, à sa révélation. Tout comme près des eaux amères, Dieu veut donner une révélation de sa personne.

"En ce jour-là, dit l'Eternel, tu m'appelleras: Mon mari! et tu ne m'appelleras plus: Mon maître!" (Osée 2:18)

Sous l'Ancienne Alliance, le rapport du peuple d'Israël avec l'Eternel était une relation de mariage, mais il le connaissait comme Baal, comme un maître.

Ce n'était pas une relation basée sur le cœur, sur un engagement, sur un amour personnel profond. Mais Dieu dit qu'en vous restaurant, vous ne serez plus au même niveau de révélation, mais à un niveau supérieur. Vous ne l'appellerez plus "maître", mais vous l'appellerez "mon mari". "Mari" est un terme très intime en hébreu. Ce que Dieu dit vraiment, c'est: "Je vais me montrer à vous sous un nouveau jour. Je vais me révéler à vous comme un mari qui aime sa femme." C'est une révélation d'amour et de grande tendresse.

Le but de Dieu, avec le peuple d'Israël, c'était de l'amener à une nouvelle révélation de sa personne. Quand je vois, dans l'histoire, toute la sagesse infinie et la patience de Dieu dans ses rapports avec Israël (et cela continue), je prends courage pour ma propre vie. Si Dieu est si patient avec la nation d'Israël, alors il peut l'être avec moi. Même si je passe par la vallée du trouble, si je continue et que je persévère – sans abandonner ni me détourner, sans murmurer ni me plaindre –, alors cette vallée du trouble deviendra pour moi, comme pour Israël, une porte d'espérance, une porte qui me conduira vers une nouvelle révélation plus grande et plus profonde de l'Eternel, une révélation de son amour, de sa compassion et de sa tendresse. Parfois, ce n'est que lorsque nous avons du chagrin que nous pouvons réellement apprécier la compassion et la tendresse.

Si vous passez par les eaux amères, souvenez-vous que, de là, Dieu va se révéler à vous si vous le laissez parler à votre cœur.

J'aimerais maintenant illustrer le même principe à partir d'un passage du Nouveau Testament. Paul écrit, d'une façon très personnelle, des expériences qu'il a vécues, des expériences très dures et difficiles. Le passage se trouve dans 2 Corinthiens 1:8-10:

"Nous ne voulons pas, en effet, vous laisser ignorer, frères, au sujet de la tribulation qui nous est survenue en Asie, que nous avons été excessivement accablés, au-delà de nos forces, de telle sorte que nous désespérions même de conserver la vie. Et nous regardions comme certain notre arrêt de mort, afin de ne pas placer notre confiance en nous-mêmes, mais de la placer en Dieu, qui ressuscite les morts. C'est lui qui nous a délivrés et qui nous délivrera d'une telle mort..."

Voilà un homme qui parle d'une expérience personnelle. Il dit: "Nous avons été excessivement accablés, au-delà de nos forces, de sorte que nous désespérions même de conserver la vie." Pensez-vous que Paul était en dehors de la volonté de Dieu dans cette situation? Cela ne nous est pas dit. Il était dans la pleine volonté de Dieu, accomplissant le plan de Dieu, utilisé par Dieu. Malgré cela, Dieu a permis qu'il soit dans cette situation d'extrême tension où sa vie même semblait lui être arrachée. Avez-vous déjà ressenti cela? Vous est-il arrivé de penser que vous ne pouvez pas faire un pas de plus? "Je ne pourrai pas en supporter davantage. Dieu, pourquoi permets-tu cela?" Eh bien! Paul et beaucoup d'autres serviteurs du Seigneur ont connu cela avant vous et il y a une raison. Paul énonce celle de Dieu: "... afin de ne pas placer notre confiance en nous-mêmes, mais de la placer en Dieu qui ressuscite les morts."

Dieu veut nous mettre dans des situations dans lesquelles nous sommes au bout de notre confiance en nous-mêmes, où nous avons atteint la limite absolue de notre connaissance, de notre expérience, de notre force, de notre capacité. Nous sommes entrés dans une expérience de mort et, de cette mort, Dieu nous amène de façon surnaturelle à la résurrection à un niveau beaucoup plus élevé que celui que nous avions avant d'expérimenter cette mort. Dieu nous tire toujours vers le haut. Si, parfois, il nous tire vers le bas, il nous amènera à une résurrection. Il faut qu'il nous fasse passer par la mort.

J'ai expérimenté cela dans ma vie. Je me souviens d'un jour où j'ai crié à Dieu: "Dieu, pourquoi bénis-tu seulement les choses qui meurent d'abord et qui ensuite ressuscitent?" J'ai senti comme si Dieu me faisait cette réponse toute simple: "Parce que quand je permets la résurrection d'une chose, je la ressuscite sous la forme que je veux."

Alors, si vous passez par une expérience de mort, souvenez-vous qu'il y a une résurrection. Souvenez-vous qu'il y a une nouvelle révélation de Dieu, une connaissance plus grande et plus complète de Dieu si vous persévérez, si vous lui faites confiance et si vous croyez en lui.

* * * * * * *

Cessez de vous trouver des excuses et faîtes en sorte que votre désir d'étudier la parole de Dieu devienne une réalité !

Cours biblique par correspondance: 'Les fondations chrétiennes' par Derek Prince

La plupart des chrétiens ont un désir sincère d'une meilleure connaissance de la Bible. Ils savent qu'une étude suivie et approfondie de la parole de Dieu est indispensable pour mûrir et vivre une vie chrétienne efficace. Malheureusement, la plupart manquent aussi de discipline, de direction et de motivation pour réussir une telle étude. Par conséquent, ils passent à coté des nombreux avantages obtenus par la connaissance et l'application de la Parole. Afin de fournir une direction et une discipline systématique dans l'étude de la Bible, Derek Prince a développé le cours par correspondance 'Les fondations chrétiennes'. Cette étude par correspondance vous permet de travailler à votre propre rythme, tout en offrant l'avantage d'un contact direct avec un coordinateur biblique qui peut vous fournir une direction ou de l'aide. Le cours est conçu autour de techniques d'enseignements établies et efficaces et est méthodique, avec des fondements bibliques et pratiques. Si vous souhaitez obtenir une brochure gratuit vous donnant plus d'informations sur le cours et comment vous inscrire (Europe et DOM/TOM seulement), merci de contacter:
Derek Prince Ministries France, B.P 31, 34210 Olonzac
Tel 04 68 91 38 72, fax 04 68 91 38 63
Email: info@derekprince.fr

www.ingramcontent.com/pod-product-compliance
Lightning Source LLC
Chambersburg PA
CBHW060557030426
42337CB00019B/3565